Giuseppina Giudice

L'Io lirico urla

◆

POESIE

EDIZIONI WE

ISBN 979-12-5497-163-5

©2024 Edizioni WE di Nicola Bergamaschi
Via Paulli 10/A – 26015 – Soresina (CR)

www.clickpertutti.com
www.edizioniwe.com
www.facebook.com/edizioniwe
www.instagram.com/edizioniwe
info@edizioniwe.com

Il fuoco d'amore della Poesia

In questa silloge poetica, Giuseppina rievoca, anche in chiave autobiografica, il percorso esistenziale conferendovi la dignità di un itinerario esemplare e infonde al tessuto narrativo un'intensità espressiva tale da plasmare il calore di fiamma lontana dei ricordi nella materia incandescente del canto poetico.

La sintassi piana e lineare dell'impianto formale si coniuga alla complessa trama dei significati e tale felice connubio restituisce l'ossimorica concezione della realtà dell'Autrice, emblematicamente espressa nella lirica proemiale, "Un sogno d'amore", di cui si dice: "È così fragile e superbo,/ delicatissimo e imponente ma/ sa riempire ogni luogo,/ ogni vuoto./ Sa rischiarare l'oscurità della mia anima,/ completamente!"

Il filo rosso dell'Opera è l'amore, variamente declinato nella sua natura di sentimento totalizzante, "dolceamara creatura" sotto la cui egida si forgiano gli spiriti gentili. Giuseppina canta le stagioni della vita nella fantasmagoria di emozioni e suggestioni vibranti in un affresco che alla *medietas* di ambientazioni crepuscolari alterna il lungo chiarore dei fulgidi giorni di sole.

L'amore filiale si dischiude nella lirica dedicata alla mamma; nei versi "accarezzo il tuo volto scarno, rigato dal tempo./ Amo i tuoi silenzi/ i tuoi riserbi così rispettosi dei miei" trapela la commovente gratitudine alla figura materna, accresciuta dalla consapevolezza degli anni. E nella vertiginosa malinconia di "Ti abbraccerò ancora" dedicata al papà, si suggella un ideale ricongiungimento "nel respiro della brezza notturna/ che profuma di mare e di ginestre" ed è forte l'anelito a volare in alto "oltre questo spazio/ questo limite terreno/ che chiamano vita!"

La lirica "Gioventù" è un inno alla trepidante attesa degli amanti che vagheggiano "la gita al faro mai fatta" e, ancora innocenti, racchiudono in sé le meraviglie della vita, poiché sognano, aspettano, immaginano.

L'ondivago ricorso alla speranza caratterizza le liriche incentrate sul tema della guerra. In "Fuori tutto è caos", l'io lirico urla lo sgomento dinanzi alla banalità del male: "Un bisogno spasmodico/ di energia vitale mi pervade, talvolta ma non è in vendita/ nella città onirica/ dove ancora dimoro". I

In "Scene di guerra", nello spazio solitario si staglia l'immagine ieratica di una "novella, intrepida Maria" che partorisce il suo bimbo in una fredda oscura notte di guerra. In un'epifania drammatica,si compie ancora il miracolo del dono d'amore più grande; "il pianto del bimbo non copre il fragore delle bombe/ il rombo degli aerei/ che stuprano il cielo di i Kiev, tuttavia per un istante mitiga il freddo e la fame e trionfa sull'orrore della guerra/ e sulla morte!".

In "Solidarietà in tempo di guerra" la tenerezza del giovane soldato che conforta la fanciulla angosciata consente una sospensione dell'orrore che incombe sul mondo. La climax terribile di "odio, distruzione, guerra, morte" è controbilanciata dallo slancio vitale di cercare una mano amica a cui chiedere e dare soccorso, e infonde il coraggio di continuare a cercare l'uomo nell'altro uomo.

Il timore dell'oblio domina nella lirica "Come petali di rose", in cui "cadono i sogni acerbi" e la barca abbandonata che si è arenata diviene correlativo oggettivo della condizione umana universalmente precaria e sofferente.

La rapina del tempo che scorre inesorabilmente in "Sera d'autunno" ritorna nella metafora del vento impetuoso che sferza i rami "Così le parole d'amore, le speranze e i sogni/ uccisi da algidi addii/ annegano nel riflesso tagliente di una vita senza mai incontrare il sole".

In "L'inverno bussava alle porte", "la mente rievoca attimi di felicità perduta. Il cuore sobbalza,stretto nella morsa dei ricordi./ Poi soffoca le ombre del passato/ e lentamente si riaffaccia alla vita". L'odore del caffè che permea la casa alleggerisce il cuore dai macigni della quotidiana pena e lo dischiude ostinatamente a una nuova, pensosa leggerezza.

La pregevole cifra stilistica di Giuseppina risiede nella raffinata naturalezza dei versi armonizzati in un *continuum* narrativo che combina la grazia del *lepos* alla icasticità della prosa realistica e sa restituire in pienezza le molteplici sfumature del chiaro scuro esistenziale. La ricerca della Poetessa non conosce posa, ella è resa indomita dal doloroso amore della vita da cui si lascia attraversare e che sa comprendere e sublimare in fuoco d'amore per noi tutti.

Prof. Frida Meola

L'Io lirico urla

A mia madre

Accendere una lampada e sparire. Questo fanno i poeti.
Ma le scintille che hanno ravvivato,
se vivida è la luce durano come i soli.
E. Dickinson

L'Amore

Un sogno d'amore…

Stringo un sogno d'amore tra le mani,
tenero, dolce, delicato,
ma se apro la mano
non volerà via
perché viene dal cuore.
È come una farfalla
che ha incontrato il suo fiore preferito
e gli vola intorno senza sosta.
È come un uccellino
che ha appena imparato a volare.
Ha bisogno di amore,cura,rispetto.
È così fragile e superbo,
delicatissimo e imponente
ma sa riempire ogni luogo,
ogni vuoto.
Sa rischiarare l'oscurità della mia anima,
completamente!

La vita: il dono più grande!

Ero lì ad aspettare te!
Attimi eterni… indimenticabili!
E tu, finalmente, ti affacciasti alla vita.
Silenziosa, come la neve quando cade.
Né gemiti, né pianti.
Il tuo silenzio soffocò la mia anima,
gelò il mio cuore, imprigionò la mia voce.
Con occhi spaventati guardai altri occhi.
All'improvviso, il tuo pianto…
Gridai di felicità,
dimenticando la paura, il dolore, l'angoscia.
Una mano strinse la mia.
Una voce sussurrò:
"È la tua alba più bella!"
Ed io ti abbracciai nel mio cuore,
poi ti strinsi tra le mie braccia.
Lacrime inarrestabili di gioia e commozione.
La vita ti spalancava le porte.
Era tutto ciò che potessi desiderare
per te e per me!

Per te, mamma!

Accarezzo il tuo volto scarno,
rigato dal tempo.
I tuoi occhi si accendono,
appena incrociano il mio sguardo.
Ed io colgo tutto l'amore
che hai per me da sempre.
Ripenso ai sacrifici di una vita,
al tuo continuo dare
senza mai chiedere.
Amo il tuo sorriso loquace,
lo splendore dei tuoi occhi
per ogni mio piccolo successo,
per ogni traguardo raggiunto e
la sofferenza
per ogni mio affanno o problema.
Sei la forza che mi aiuta
a superare ogni asprezza, ogni ostacolo.
Amo i tuoi silenzi,
i tuoi riserbi così rispettosi dei miei.
Da te, mamma,la vita!
In te l'anima e il cuore
da sempre e per sempre,
fino a fondersi in me, cara mamma!

Pensandoti

Il tuo pensiero è luce, vita
e giunge ad illuminarmi con l'aurora.
Il cuore si veste
di trepide speranze e bramose attese.
E la tua voce mi accarezza
la mente e il corpo
con brividi e parole.
Vedo stelle nella luce piena del giorno
e falene e lucciole,
odo una musica dolce e ruffiana
giù nel cuore.
E desideri mal soffocati e
sentimenti ebbri di passione
giungono, come brezza improvvisa,
ad accarezzarmi il corpo,
per regalarmi ancora
note d'incanto sempre nuove.

Memorie di te

Profumo di fiori:
i nostri ricordi lontani,
ma a volte nell'aria colgo ancora
lo stesso profumo di un tempo,
il tempo dell'amore.
Gocce di tempo:
i nostri ricordi
che a volte escludono
la realtà del momento.
Un incantesimo che dura
pochi attimi,
eterni… brevi.
E poi… memorie
dal sapore antico,
amaro della solitudine.
Gocce di vita eterna:
i miei ricordi con te.

Per te che sei parte di me

Anni volati via,
senza te che sei parte di me!
Il cuore batte come allora.
Forse, di più!
E mi piace ricordare
 ogni gesto, parola, sguardo…
I sorrisi, le liti, le lacrime, gli abbracci,
quel tenero rincorrerci, cercarci
e poi cadere l'uno nelle braccia dell'altra.
Era bello cancellare le paure,
superare ogni ostacolo in un abbraccio,
suggellare l'amore con un bacio.
L'amore accendeva gli occhi e il cuore,
profumava il nostro mondo,
colorava la nostra vita.
Tutto era fantastico!
Avevamo i nostri sogni, eravamo così ricchi!
Poi il vuoto, la tristezza, il nulla!
Vorrei accendere ancora
lo sguardo con la stessa luce,
rivivere il mio sogno d'amore con te!
Accarezzo questo sogno,
gli regalo ali per volare fino a te.
Poi lo chiudo piano in una mano,
come fosse una farfalla,
e la porto al cuore, teneramente.

Un amore troppo assente

È un fiore di carta,
senza colore, né profumo,
questo amore troppo assente!
Non più pietra miliare sulla strada del cuore.
Una pietra scartata, annerita dal tempo,
su una strada irta di ricordi,
che al tocco feriscono,
come lame aguzze,
ma non recano più strali
di amore, passione, ardore.
È un amore consunto,
questo amore,
come i giorni andati
di un vissuto negletto!
Fiori di carta:
i nostri ricordi accantonati, accartocciati.
Una coltre di fumo oscuro: i sentimenti.
Scarti velenosi espulsi da un cuore,
che anela ancora alla vita!

Solitudine

La tua assenza mi ferisce
come una lama sottile e acuminata,
che squarcia una ferita profonda,
e mi dispero in un'altra notte
che si consuma lenta
come i battiti di un cuore desolato.
E le attese e i sogni sono cera
di una candela che non ha più luce.
I minuti sono attimi eterni
in cui tu ritorni sarcasticamente
a saturarmi la mente,
a confondermi, a seviziarmi l'anima
con false promesse ed illusioni,
ma non riesci più a saziare il cuore.

Abbracciami

Abbracciami,
quando il sole si dilegua all'orizzonte
e l'animo si intristisce.
Abbracciami,
quando la notte invade il cuore
e incupisce la mente.
Quando lacrime copiose
solcano il mio viso,
quando la tristezza s'impossessa
di ogni atomo del mio corpo
e soffoca la voglia
di vivere e amare.
Abbracciami!
Abbracciami forte,
quando ti sorrido con amore
e stringo la tua mano tra le mie.
Abbracciami sempre!

Gioventù

In quei giorni,
che profumavano di gioventù,
recavo l'amore più vero.
E l'aria respirava di rose e di viole.
Volteggiavo felice tra le tue braccia vigorose.
Un fiore tra i capelli.
Il mare schiumoso di gioia
rideva con noi.
E il battello ci attendeva accogliente
per la gita al faro mai fatta…
Il mondo era nostro
con tutte le sue meraviglie.
Si specchiava il promontorio
nel mare innocente,
come i nostri giovani cuori,
palpitanti di vita e d'amore.
Sapevamo sognare, aspettare,
immaginare!

Se tu mi chiedessi…

Se tu mi chiedessi perché ti amo,
ti direi: "Sei la mia guida,
il mio conforto nei momenti bui,
il porto sicuro
nelle tempeste della vita,
la stazione di arrivo
dopo ogni partenza,
il sostegno a cui mi aggrappo
 per non cadere,
per non infrangermi
sugli scogli della vita.
Sei il dono più prezioso
e non una dolce abitudine,
come pensi, talvolta.
Non vorrei perderti mai!
E se mai dovesse accadere,
ti ritroverei nel mio cuore,
che gelosamente racchiude
ogni parte di te"

L'amore

Non chiedermi di non amarti!
In quei giorni,
che ora non ci appartengono più,
non avrei potuto amarti di più.
Un tuo sorriso apriva orizzonti inesplorati,
un tuo abbraccio fondeva
in un crogiolo senza tempo cielo e terra.
Un tuo sguardo rivelava verità sconosciute.
La tua voce mi guidava
oltre il deserto delle miserie umane.
La mia anima volava con te.
Il resto era fuori di noi.
Non chiedermi di dimenticarti!
Non potrei!

Amori finiti

Fronzoli ormai inutili,
che appesantiscono le pareti del cuore:
sono i ricordi di un amore,
che ha consumato il suo ardore,
la sua passione,
che ha spento la luce
e disperso il suo profumo di vita,
su strade impervie e polverose,
smarrendosi in un labirinto sconfinato
di paure, incertezze e indecisioni,
come il nostro!

Le nostre anime

Le nostre anime,
come specchi,
hanno riflesso l'immagine
dell'amore.
Un attimo solo e ne siamo diventati prede.
In balia dei suoi capricci mutevoli,
del suo gioco altalenante
dei sì e dei no,
del darsi e negarsi,
del perdersi,
del cercarsi e ritrovarsi
in un film, un tramonto,
una notte stellata,
una mattinata di sole,
nelle corse in riva al mare…
E poi perdersi ancora
in notti insonni, vuote, desolate,
senza il calore dei nostri corpi avvinti
e della luce
dei nostri cuori innamorati.

Come petali di rosa

Come petali di una rosa recisa,
cadono i nostri sogni acerbi
tagliati dal bisturi affilato
del tempo scaduto.
Gli occhi fecondi di dolore,
come acqua pura di sorgente,
generano rivoli copiosi
asciugati dal sole cocente della delusione,
su terra arida lontana dal mare
dove l'onda schiumosa
si è persa nella sabbia.
E la barca abbandonata
si è arenata.

Mi chiedi se ti amo

Mi guardi timoroso,
tra i bagliori tremolanti del camino acceso.
Mi chiedi se ti amo ancora e… perché?
Ti amo per mille ragioni,
tutte similmente care al cuore.
Ti amo per il tuo charme,
che un giorno mi catturò magicamente,
per la tua dolcezza,
per il tuo essermi accanto nelle tempeste della vita,
per i tuoi occhi penetranti,
capaci di spogliare la mia anima.
E poi amo la tua voce,
il tocco delle tue mani,
che sanno afferrare le mie e stringerle,
come solo tu sai fare.
Amo il nostro fondersi
magicamente e naturalmente in un tutt'uno,
le nostre due vite in un solo destino,
i nostri cuori che battono più forte
se siamo vicini,
e danzano un valzer lungo una vita,
al di là delle mutate stagioni,
delle rose appassite,
delle soavi fragranze giovanili,
ormai disperse.

Per te!

Vorrei essere per te come il sole!
E abbracciarti, riscaldarti, giungere al tuo cuore
e accenderlo d'amore
per me ogni giorno!
Vorrei essere la luna
per salutarti tutte le notti
e accoccolarmi accanto a te,
respirare con te, vivere, amare, sognare!
O, forse, la brezza leggera mattutina?
Per accarezzarti delicatamente con il mio soffio,
sfiorarti appena e
sussurrarti il mio amore infinito.
Vorrei essere la pioggia primaverile,
bagnarti i capelli,
scivolare lungo il tuo corpo,
e ubriacarmi di te,
saziarmi del nostro amore!

Gocce di rugiada

Gocce di rugiada:
i tuoi pensieri d'amore,
che sfiorano la mia anima.
Gocce di felicità:
le tue parole d'amore,
che dissetano e nutrono il mio cuore.
Gocce di vita:
il tuo essermi accanto,
le tue mani che mi sorreggono,
i tuoi occhi innamorati,
che guidano e illuminano
il mio cammino.

Noi due

Noi due,
non siamo che fogli girati e rigirati
dalle mani di un destino beffardo.
Dolci note appena accennate e
cancellate.
Musica inascoltata,
parole incomprese.
Anime separate
che stentano a ritrovarsi
e a riconoscersi
nel crepuscolo del mondo.

Mi sono persa...

Mi sono persa
nell'inquieto vagabondare del pensiero
tra cari, vecchi ricordi,
amorevoli compagni di viaggio.
Lacrime amare,
dolori roventi
sprigionano nebbia
che offusca la vista.
Brancolo nei vicoli bui
di un cuore lacerato.
Cerco inutilmente l'uscita.
È un intricato labirinto,
un luogo ameno dello spirito.
Mi siedo a riposare,
consapevolmente prigioniera,
senza più mappe
né voglia di andare!

Se la mia anima...

Se la mia anima
balla nel deserto senza musica, è per te!
Per te che suoni nel mio cuore
note dolci e armoniose.
E i giorni si accendono
armoniosamente alla vita.
Non temo l'inverno:
il tuo amore saprà riscaldarmi.
Con il tuo amore
hai saziato la mia anima.
Che importa il tempo dell'attesa!
Hai riacceso il sorriso e spento le mie lacrime,
colorato i miei giorni,
trasformato il mio inferno in paradiso.
Benvenuto, amore!

Al mio Papà!

Ti abbraccerò ancora

Ti abbraccerò ancora
nel respiro della brezza mattutina,
che profuma di mare e di ginestre;
nel canto del gabbiano
e nel suo volo possente.
Incontrerò il tuo spirito,
proteso verso l'orizzonte del mio cielo
e lo seguirò con lo sguardo e il dito puntato,
come ago di una bussola.
Anelerò a volare in alto,
oltre questo spazio,
questo limite terreno,
che chiamiamo vita!
 Porterò con me,
il desiderio di non perderti più!

Ricordi

Meravigliose sensazioni
sorgono nell'animo improvvise,
si stagliano, davanti agli occhi increduli e stupiti,
come foto di un vecchio album
con pagine ingiallite e consunte dal tempo.
Immagini scorrono forward
senza sosta,
colorate dal profumo dei ricordi,
intristite dalla consapevolezza dell'assenza,
del non ritorno.
Invano tento un feedback,
ma il video scorre con le sue trasparenze delicate,
le sue evanescenze surreali
in un mare senza rive né approdi
calmo, placido, sconosciuto e imperturbabile
come i sentieri dell'anima.

Il tempo correva…

Il tempo correva su ali spiegate.
Negli occhi spenti lacrime prosciugate.
Il sole così lontano…
Parole mute,
nessuno ad ascoltare.
Sguardi persi
nel vuoto opprimente
di un giorno qualsiasi,
in una città senza più nome.
Un andirivieni di passi.
E tu, col tuo calice,
mi offrivi un ingannevole
sorso di vita,
per impedirmi di piangere.

Com'è difficile!

Com'è difficile
accettare questi giorni,
che presto finiranno!
Dove potrò trovarti ancora
e abbracciarti
e parlare con te di ogni cosa,
anche in silenzio, caro papà?
Il tuo cuore e il mio si incontrano
da sempre,
si parlano anche senza parole.
La lacrima, nascosta nei miei occhi,
ora sgorga limpida dai tuoi…
Mi guardi con occhi tristi
poi mi abbracci teneramente.
Piangiamo insieme, senza parlare.
Hai capito tutto,
ancora una volta!

Sera d'inverno

Rami sferzati da un vento impetuoso
salutano le ultime foglie.
Un fiume impietoso scorre verso il mare,
trascinando ogni cosa.
Foglie, rami spezzati annaspano,
scompaiono alla vista.
Non incontreranno più l'amato albero.
Così le parole d'amore, le speranze e i sogni,
uccisi da algidi addii,
annegheranno nel silenzio tagliente
di una vita
senza mai incontrare il sole.

L'inverno bussava alle porte

L'inverno bussava alle porte.
Il freddo raggrinziva l'animo.
La fiamma del camino
liberava mille scintille,
anelanti di vita.
Fiocchi candidi ricoprivano ogni dove.
Abbracciavano gelidamente alberi tristi.
Il profumo di ginestre e gelsomini era un ricordo lontano.
La mente riviveva attimi di felicità perduta.
Voci insistenti, fastidiose
rompevano il momentaneo incanto e gelavano
nuovamente l'anima…
Gli occhi inquieti, smarriti si posavano
sull'algido paesaggio invernale.
Il cuore sobbalzava, stretto nella morsa dei ricordi.
Poi soffocava le ombre del passato
e lentamente si riaffacciava alla vita.
L'odore del caffè permeava la nostra casa,
ancora e ancora.

A te, papà!

In questa notte,
affollata da ricordi e miriadi di stelle iridescenti,
vorrei che mi prendessi la mano e
mi guidassi sulla strada di casa, come una volta.
E ti fermassi, ebbro di felicità,
per raccontare a me, bambina,
seduta sulle tue ginocchia,
il mistero della vita,
come una favola.
Ed io, papà, ti ascolterei in silenzio.
E alla fine, ti chiederei:
"Ma tu di là sei felice?"
E mi piacerebbe che tu mi rispondessi:
"Sì! È tutto perfetto,
senza invidia, bramosia, guerre, cattiveria.
Lì regna l'Amore!"
Ed io: "Portami con te! Sarò brava!"
"Un giorno, tesoro mio! Un giorno."

Finché sarai con me

L'accecante luce del giorno
spinge via la notte
e reca speranze
al mio cuore raggelato.
La razionalità si lascia corteggiare
dalla speranza illusoria
di molti altri soli,
di tante altre albe insieme.
Ne ho bisogno, papà!
Mi arrendo alla speranza,
finché sarà giorno pieno,
finché il sole accenderà
e riscalderà ogni lembo del mio cuore,
finché tu sarai qui, con me!

O quercia annosa!

O quercia annosa,
se il vento inarrestabile della vita
ti ha portato via
come una foglia,
solo rami spogli sono rimasti
a piangere in solitudine
la tua partenza!
E uccelli senza più casa…
E il profumo di terra bagnata,
che intorno si respira,
se soffia il vento della sera.

Ti ritrovo ancora

In questo autunno malinconico
ti cerco e ti ritrovo
negli anfratti del cuore,
tra le pieghe del tempo.
Appollaiato sull'albero dei ricordi
resisti indomito al vento,
al tempo che passa.
Il cielo ha perso i colori che amavi
e la terra profuma di bagnato.
Ti abbraccio teneramente col cuore,
ti chiudo nell'anima.
Ti parlo in silenzio,
mentre l'albero si spoglia
come la mia anima dei ricordi.
Arriveranno altri giorni,
torneranno altri autunni
con i nostri ricordi…
Ci sarà sempre un nuovo incontro!

L'assenza

Vuoto è il nostro balcone,
vuota la sedia che amavi tanto
e vuoto è il mio cuore.
La roccia antica,
scalfita dall'acqua del dolore,
penetrato alla radice,
si apre come un tronco.
Il vento giunge
a strapparne pezzi di cuore
e li sparge sulla rena dell'angusta spiaggia.
Un vecchio marinaio medita in silenzio,
accanto ad una barca abbandonata,
il volto rugoso,
l'animo triste, malinconico,
le dita intrecciate
in segno di preghiera.

L'ultimo raggio di sole

Mi trafigge l'ultimo raggio di sole,
che scende, oltre le pareti del cuore,
giù fino all'anima.
Conosce bene la strada…
Ed io vengo a cercarti
mai stanca, mai paga,
in quel luogo remoto,
dove sopravvivi al mondo.
E là mi perdo nel tuo abbraccio,
come in un approdo sicuro,
quando il sole si inabissa nel mare.
E tu,
vieni a me
nella luce soffusa della sera,
sulle ali leggere
e inarrestabili del pensiero.
Mi sorridi e mi abbracci come un tempo.
Tutto il resto è solo un dettaglio!

Il vento

Il vento quest'oggi
ha sferzato il mandorlo in fiore,
ne ha reciso i petali ad uno ad uno,
piegati i rami,
ma le radici saldamente
affondano nell'anima.
Schegge nel cuore i tuoi ricordi.
Dove posso ritrovarti ancora?
Non sei lì
ad aspettarmi ancora,
la sedia è vuota,
la stanza silenziosa…
L'ultimo riverbero del sole
gioca con i vetri solitari,
ritorna a me…
Bramosamente ne afferro il riflesso
mentre la mente vaga
in cerca di te!

Le stagioni del cuore

L'albero spoglio guarda
le foglie ai suoi piedi e trema
di freddo e di dolore.
Dove andranno?
Cosa faranno senza di lui?
Il petto gli si stringe in una morsa.
Il dolore è tanto,
troppo.
Ricorda la sua primavera:
gli uccelli che nidificavano
tra i suoi rami frondosi;
e la sua estate
con i suoi mille profumi e colori.
Come sono trascorse in fretta!
Lacrime copiose cadono ai suoi piedi
una dopo l'altra
e baciano le foglie ad una ad una,
ancora una volta.
L'ultima!

Voglia di Pace

Dov'è la pace?

In questi giorni di orrore e crudeltà insensata,
Ti cerco, o Mio Dio, con animo smarrito e spaventato.
E ti ritrovo sulle cime innevate,
sul campanile delle chiese del mondo,
nei colori del cielo e del mare,
nello sguardo di tanti bambini innocenti,
affamati, terrorizzati;
negli occhi di popoli diversi
che implorano la pace.
Ed io Ti chiedo con rabbia e dolore:
"Perché gli uccelli della morte sono sempre
più forti di quelli del bene?
Perché la pace sembra solo un miraggio?
Perché la tua messaggera di pace
è preda di corvi impietosi
e il suo ramo d'ulivo è precipitato
nell'oceano sconfinato del male?"

Fuori tutto è caos

Io, guerriera senza più armi,
né voglia di combattere,
affronto i miei giorni spenti,
come un automa.
Un bisogno spasmodico
di energia vitale mi pervade, talvolta.
Ma non è in vendita,
nella città onirica
dove oramai dimoro.
Fuori tutto è caos, violenza, dolore.

Guerra

Ricordo i miei giorni da bambina,
quando non c'erano nubi oscure
nel mio cielo,
ma sogni, progetti,
serenità e amore.
Ora osservo cieli plumbei,
odo urla angosciose,
respiro polveri da sparo,
tremo e piango
in strade cosparse di corpi inermi.
E non trovo un perché,
una ragione valida,
una risposta convincente
per tanta atrocità, disumanità ,
ferocia imperante.
Vorrei che fosse un incubo,
ma è una mostruosa, assurda,
angosciosa realtà!

Scene di guerra

Con occhi terrorizzati,
afferri la mano del tuo bambino e
fuggi nel rifugio più vicino.
La sirena suona forte, sconvolge, assorda.
Poi fragore di bombe, boati, crolli, distruzione, morte.
Piangi senza più lacrime.
Non hai più voce,
per urlare al mondo
il tuo dolore, la tua disperazione.
Il male è nell'aria che respiri,
nella terra che calpesti,
nel fumo, nella polvere,
nel fuoco che divampa selvaggio,
nei carri armati che avanzano inesorabili.
Vuoi proteggerlo, salvarlo,
fargli scudo con il tuo corpo,
o mamma ucraina!
Novella, intrepida Maria,
senza il tuo sposo soldato,
partorisci il tuo bimbo
in una fredda oscura notte di guerra.
Lo lavi con lacrime di gioia e di dolore,
lo riscaldi con il tuo amore.
Fuori c'è la guerra, la morte…
Intorno anziani, bambini, madri che piangono,
si disperano, implorano e pregano.
Il pianto del tuo bambino
non copre il fragore delle bombe,
il rombo degli aerei,
che stuprano il cielo di Kiev,
ma è una speranza di vita!

È una briciola di gioia, una goccia d'amore,
che per un istante vince la paura,
mitiga il freddo e la fame,
trionfa sull'orrore della guerra
e sulla morte!

Solidarietà in tempo di guerra

Un giovane soldato la guardò con tenerezza.
Lei non ebbe più paura e timidamente sorrise.
Era bello sorridere dopo le lacrime,
il dolore, l'angoscia di quei giorni oscuri.
Le porse una mano ed ella
l'afferrò senza timore.
Era la mano amica, il sostegno,
la forza di cui aveva bisogno
per guardare oltre quei giorni tenebrosi,
per sperare in un nuovo inizio,
in un domani senza più odio,
distruzione, guerra, morte.
Un domani di pace
in un mondo migliore.

C'è ancora un'alba

Odo ancora lo sciabordio
d'acque chete di un tempo,
oltre il terrore, la ferocia, la paura opprimente
di questi giorni di guerra.
Lietezza di tempi ormai passati,
di memorie care al cuore
pulsano, si ribellano nella mente, inutilmente.
Rivi perenni scorrono senza sosta
nel letto della memoria.
La speranza di un domani di pace,
di amore, di fratellanza
balena in questo universo di odio,
paura, annichilimento.
C'è ancora un'alba, oltre la guerra!

Non più guerra!

Le lacrime inconsolabili di madri in lutto,
di figli morenti lontano da casa,
il dolore, le macerie,gli stermini, l'olocausto…
non sono bastati a spazzar via i venti di guerra,
che si addensano nuovamente all'orizzonte
e preannunciano catastrofi imminenti.
Dov'è il desiderio, la volontà, il bisogno di pace?
Dov'è l'amore universale?
Siamo cavalli imbizzarriti!
Abbiamo strappato le redini del buon senso,
dell'amore universale!
Scalciando abbiamo dissotterrato l'ascia di guerra,
dimenticando cosa vuol dire la guerra!
Avanziamo a ritroso.
Il passato oscuro, fratricida,
che ha irrorato di rosso i prati del mondo,
che ha innalzato fumo nauseabondo,
che ha offuscato gli occhi e le coscienze,
è tremendamente vicino!
Le freddi lapidi bianche,
strani fiori perenni,
disseminate nei campi del mondo,
non hanno profumo,
ma parlano al mondo:
"La morte non ha futuro! Non più guerra!"
Prendiamoci per mano,
stringiamoci come fratelli,
avanziamo ancora insieme
sui sentieri della pace!

We need freedom

Libertà:
un sogno di tanti che muore inascoltato
in prigioni, su campi di battaglia, in terre dimenticate,
o in fondo al mare!
Libertà da ossessioni, paure ancestrali,
miserie morali, pregiudizi razziali e religiosi.
Libertà da uomini che ti opprimono,
molestano, feriscono, uccidono
moralmente e fisicamente.
Libertà per chi grida da città devastate,
da campi di prigionia, dalle mani di carnefici…
Libertà che mai si arrende,
che grida attraverso lo sguardo
di bambini, uomini, donne,
brutalizzati, schiavizzati dal potere,
dall'ingiustizia abominevole, dalla fame, dall'arroganza prepotente,
da assurde credenze e regole ancestrali!
Libertà!
Pace, armonia di cuori e menti,
convogliati verso un obiettivo universale: libertà

Ad Anna Frank

Tenero fiore, ancora in boccio!
Scorreva la tua giovane vita
come acqua pura di rigoglioso ruscello
verso un mare famelico e sconosciuto.
L'amore, i tuoi sogni erano l'antidoto
alla paura, che serpeggiava oscura
nell'angusta dimora.
Lenti, monotoni, uguali
quei giorni che respiravano angoscia.
Ma di notte guardavi le stelle intrepide,
nel cielo di Amsterdam…
"La follia si spegnerà!
L'amore, la pace trionferanno ancora!"
Così ti sussurrava quel cielo amico.
E tu sognavi la vita!
Aggiungevi giorni innumerevoli ai tuoi anni,
sognavi, immaginavi un futuro!
Ma l'odio, l'inganno, il denaro
sconfissero l'amore…
E tu, giovane rosa in boccio,
che già profumavi di vita e di amore,
appassisti lontano
in quell'agghiacciante, disumana indifferenza.

Angeli dimenticati

Vorrei che un enorme arcobaleno,
colorasse il cielo del mondo,
fin negli angoli più remoti.
Vorrei vedere gli occhi
di milioni di bambini
illuminarsi di una luce nuova,
dimenticando il dolore, la sofferenza, le privazioni.
Sono lì, silenziosi,
non chiedono con parole,
ma con sguardi spenti,
persi nel vuoto dell'indifferenza.
E il loro grido silente
spesso muore inascoltato
nelle città affollate,
nei deserti e nei mari lontani.
Non hanno ali
per librarsi in volo
nel breve spazio della loro vita,
piccoli, poveri Angeli dimenticati!

Il mondo che vorrei

Svegliarsi un giorno
nella luce e nell'amore,
sentirsi finalmente liberi
dalle catene della schiavitù,
ingiusta ed opprimente
del mondo dell'ipocrisia e dell'apparire.
Volare nei cieli
di un mondo libero,
camminare tra fratelli,
respirare senza fatica,
saziarsi di poco,
dimenticare la competizione,
assaporare la serenità,
ubriacarsi di gioia,
essere a casa
in qualunque parte del mondo.
Osservare il cielo blu,
sgombro di gas tossici,
pescare in acque limpide,
tuffarsi in un mare di sogni,
svegliarsi con il canto degli uccelli.
Commuoversi e
piangere di gioia
per le piccole grandi cose
che la vita ci dà.

Varie

Gli ultimi sogni

Gli ultimi sogni
si schiudono al mondo
come petali di un fiore
ed esalano la loro fragranza
nell'aria tiepida del giorno.
Come libellule volteggiano
nel cielo senza sosta,
prima che il giorno si consumi
e il fiore muoia.

E il giorno sorrise...

E il giorno sorrise
all'oscura notte invernale,
che come una ladra si nascose.
Aveva rubato gioia,sorrisi, tempo,vite
per un gioco malevolo e crudele.
E allora tutte le porte si aprirono,
le strade si riempirono nuovamente
di voci,canti,rumore di vita frenetica.
Ci furono milioni di baci,abbracci, sorrisi.
Teatri, parchi,scuole,strade
echeggiarono di voci.
Il grande silenzio si arrese alla vita.
E fiori sbocciarono dappertutto.
E la tarda primavera,
adorna di gemme,
sorrise all'estate e le consegnò il mondo,
sussurrandole dolcemente:
"Abbine cura! Amalo!"

Mattino di primavera

L'aurora adorna di rose,
pregna di olezzi,
delicatamente fende il cielo.
Abbraccia teneramente ogni dove e,
nell'incontro col sole nascente,
sparge delicatamente tutte le rose.
Poi si fonde con l'azzurro…
Su un mandorlo in fiore
un uccello solitario si posa.
Un gabbiano agita le sue ali possenti,
sul vicino mare.
La brezza reca profumo salmastro.
Voglia di vita!
Uomini stanchi, in camice bianco,
contemplano la bellezza del creato,
ne respirano l'essenza e
aspettano fiduciosi
l'incedere di un giorno nuovo.

La luna taglia il cielo

La luna come una falce acuminata
taglia il cielo ad ovest stanotte.
E le stelle timorose
si allontanano.
Non un alito di vento,
ma un'aria afosa, soffocante,
che confonde la mente
e invita al sonno,
togliendo vita ai giorni.
Resistiamo con forza!
Dopo un oscuro,
interminabile letargo
aneliamo a giorni di vita gioiosa!

Sospesa al filo dell'essere...

Sospesa al filo sottile dell'essere
Sospiro, mi dibatto piano tra albe incerte
per non cedere.
Intesso il mio ordito di parole,pensieri, azioni.
Resisto con tenacia ad ogni avversità
inattesa ed inevitabile,
sopravvivendo tra le ansie e i timori del futuro.
Il filo è una catena.
Elaboro progetti ambiziosi con la mente,
godo della fugace felicità,
apprezzo l'effimero successo,
accetto e contrasto le inevitabili sconfitte.
Disfo la trama errata
e ricomincio a tesserla di nuovo.
Come ogni essere mortale anelo all'eternità.
Il progetto è completare la tela.

Insegnami...

Insegnami, o Signore,
ad amare il mio tormento,
il mio cammino
tra albe fuggitive ed incerte
e sere algide e tenebrose.
Insegnami
ad accettare il mio ruolo
desiderato e odiato,
senza dolermi troppo.
Insegnami
ad amare la mia vita,
come se fosse vita!
Insegnami
a viverla
come un gioco di bambini,
che sanno sognare, sperare, immaginare
in un mondo così simile alla giungla!

Il canto dell'esule

Il silenzio ascolta
la nenia struggente del mio cuore,
il canto del mio dolore:
in un paese straniero,
lontano da ciò che mi fu caro!
Vedo volti irati,
occhi sospettosi e spaventati
fuggire via da me.
E poi mani amorevoli e fraterne…
Non riesco a vivere!
Vaga il mio pensiero, libero e nostalgico,
tra i boschi e le radure
della mia terra oltre il mare.
Ho ferite sul corpo,
solchi profondi nel cuore.
La mia lingua è diversa,
ma comprendo… quella del cuore!

La sera

La sera scendeva silenziosamente.
Intense pennellate di rosso e di arancio
tingevano l'orizzonte.
Scompariva piano il sole,
cercando conforto nell'accogliente mare.
Regalava al mondo i suoi ultimi riverberi,
già offuscati dalla bellezza della luna,
che si affacciava timida nel cielo
e salutava malinconica l'antico amore,
rosso di ardore, passione e dolore.

Anelito di libertà

Si librò nell'aria,
con forza.
Volò alto sopra il fiume:
il gabbiano dall'ala spezzata.
Un brevissimo volo,
il suo ultimo grido:
estremo anelito
di libertà.

Sei una donna…

Sei una donna
quando decidi liberamente della tua vita,
la organizzi e pianifichi con successo;
quando ami te stessa,
le tue fragilità,
il tuo corpo senza problemi di peso
o di bellezza esteriore.

Sei una donna
se poni te stessa al primo posto nella vita,
ma lo sei ancora di più
se qualcuno asciuga le tue lacrime,
accarezza le tue rughe,
ascolta le tue parole
e ti ringrazia per l'amore che sai dargli.

Sei una "Donna"
quando stringi al seno il tuo bambino
e lo accompagni
passo dopo passo nella vita,
dimenticando ogni pena,ogni rinuncia
con gli occhi ebbri di felicità
e il cuore d'amore!

Ho sognato farfalle

Ho sognato farfalle…
Dal grembo della terra,
nel crepuscolo di una sera primaverile,
si sono sollevate
per accompagnarti
nel tuo misterioso andare.
E tante lucciole,
che amavi imprigionare nella mano,
come in uno scrigno
segreto e prezioso,
per poi mostrarle a me!

Rinascita

Respiro,
riempio d'aria nuova la mia vita.
E le notti angosciose
e l'ansia e la paura
svaniscono d'incanto,
con il nuovo sole,
foriero di un'altra primavera.
Rinasco alla vita,
alla speranza,
conscia dei miei limiti
e dei miei meriti.

Le tue parole, o poeta!

Le tue parole, o poeta,
gocce di rugiada!
Fragili, quando il sole incalza,
ma capaci di rinvigorire i cuori,
risvegliare la coscienza,
alimentare la speranza,
rinnovare la vita.
I tuoi versi:
semi di pace, libertà, amore
affidati al vento,
che non conosce limiti o confini.
Dissetano le menti,
nutrono i cuori,
li saziano,
li scuotono dal torpore.
Lasciano una traccia
profonda oltre il tempo e lo spazio.

Avere voglia di abbracci, sorrisi…

Avere voglia di abbracci teneri,
sorrisi gioiosi.
Desiderare di essere diverso,
di sentirsi uguale agli altri.
Sollevare le mani,
tenderle al mondo,
invano.
Gridare la propria rabbia, delusione, amarezza.
E sentire una voce che dice:
"Non è come gli altri!"
È un colpo mortale,
intollerabile, inaccettabile.
La diversità è ancora una colpa iniqua,
in un mondo di falsi perfetti!

BIOGRAFIA DELL'AUTRICE

Giuseppina Giudice, docente, scrittrice, poetessa

Giuseppina Giudice è nata ad Agropoli il 10 Agosto 1954,ove risiede, già docente di lingua e letteratura inglese presso il Liceo "A. Gatto" di Agropoli.

Ha collaborato alla rivista culturale *Il Saggio* di Eboli e al mensile di cultura e informazione *Il Cilento nuovo*.

È stata componente di Giuria in diversi premi letterari.

Ha ottenuto significativi premi e riconoscimenti per la poesia tra cui: uno dalla Rai di Roma, un altro con medaglia del Senato (Roma), poi la nomina di "Accademica Benemerita" (Roma 2003) e di Accademica Leopardiana (Reggio Calabria 2011), un premio alla carriera nell'anno 2010 (Pomigliano d'Arco), il premio "Menzione d'onore Donna" 2010 (SA), è stata nominata "Membru De Onoare" e le è stato conferito il Diploma de Excelenta dal consiglio comunale di Mihailesti (Romania 2004).

È stata inserita nell'albo d'oro dei poeti e scrittori italiani contemporanei di Cefaluart.

È membro di Wiki Poesia e della Repubblica dei poeti.

Le è stato conferito: Master of pictorial poetry and art certification (Daman-India -2023). È stata nominata poetessa dell'anno 2003 per la provincia di Salerno (Telese Terme

2004). Ha ricevuto il premio della critica al Concorso Parole d'amore 2022.

Ha pubblicato le raccolte di poesie: "Gocce di rugiada" (2004); "Nell'isola di pensiero" (Casa Editrice Pedrazzi 2019).

Ha pubblicato 4 romanzi: Profumo di ginestre e polvere da sparo (Albatros 2010); Amori in prima linea (Albatros 2013); Una scelta d'amore (PlaceBook 2021 sec.ediz.); Una vita nuova (PlaceBook Publishing -Roma); Racconti di vita tra ieri e oggi (PlaceBook 2021); due testi di favole e fiabe (PlaceBook 2022-2023).

È presente in varie antologie italiane ed estere:"Europainsieme", edita da Ibiskos- Ulivieri (2006); "Sentimento Latino"(in lingua rumena e italiana, Bucarest 2004); "Un grito por la paz" (Mexico); "Striving for Survival" (India); Poeti d'oggi (Libroitalianoworld); "Voci versate" casa editrice Pagine 2018; "Contributi per la Storia della letteratura italiana" vol.4- Guido Miano Editore- Milano 2009; "M'illumino d'immenso" casa editrice Pagine; "Tra un fiore colto e un altro donato"(Aletti editore), "Antologia poeti contemporanei scelti" (università S. Paolo Apostolo e univ. Repubblica di san Marino- Roma 2020); "Dedicato a..." (Aletti Editore -2020);Enciclopedia poeti contemporanei n.3 del Cenacolo Lett. Italiano; Antologia "Lo Specchio"- Bertoni editore2023; Antologia I luoghi della memoria –Bertoni editore 2023; Agenda Poetica 2024- Bertoni editore; Antologia "Racconti campani" - Historica Edizioni 2023; Antologia Racconti di libertà- Historica Edizioni 2023.

È presente nell'antologia "Speciale Infanzia", edizioni 2020, 2021, 2022, 2023 (Associazione MAREL); nell'antologia "Speciale Donna", ediz. 2020, 2021, 2022, 2023, 2024 (Associazione MAREL). Alcune sue poesie (n.5) sono state inserite nell'antologia "Diversità fa rima con Unicità"- Atile Edizioni 2023 (Antologia che ha sostenuto la fondazione Telethon).

Ha partecipato al Festival Internazionale di Spoleto 2021 ed è presente nel catalogo Spoleto Arte 2021; è stata selezionata per il Premio Modigliani 2023 e inserita nel catalogo "Modigliani e gli Artisti". Finalista per la narrativa al Premio Mario Soldati – Torino-2016.

Segnalazione di merito al Premio "Cygnus Aureus" - Roma 2022; "Encomio di Eccellenza" al Premio Città del Galateo" - Roma 2023; Diploma d'onore e medaglia al Premio Litterae Florentinae – Firenze 2023, Menzione D'Onore a "Le Nove Muse" Napoli 2023; III posto al Premio "Segni di Pace" - Assisi 2024.

Ha ottenuto la Menzione Speciale al 4° concorso di Poesia per la Shoah e la Pace dal Presidente Miriam JasKierowicz Arman (Palmi -2024).

Alcune sue poesie sono apparse su diverse riviste e quotidiani tra cui: *Buonasera Taranto, Il Saggio, Verso, Presenza, Alessandria Today, BezKres* (Polonia).

Recensioni sulla sua attività letteraria sono apparse su diverse riviste culturali e su quotidiani: *Il Saggio, Il Nuovo Salernitano*, Il Sannio, *Il Giornale del Cilento, La Città, Leukanikà*, rivista culturale Lucana, *Il Denaro*. Due suoi romanzi hanno partecipato al festival di Francoforte e alla fiera del libro di Torino (2011- 2014) e al Dima Book Festival (Roma 2022).

Alcune poesie sono state tradotte in serbo, albanese, spagnolo, rumeno, polacco e inglese. Ha partecipato al Festival letterario internazionale di Zenica (patrocinato dalle ambasciate serba e italiana) nelle edizioni 2020, 2021, 2022, 2023.

Le sue liriche sono presenti nell'antologia "Precipitare nelle stelle" (Zenica 2023). È presente nell'antologia "Vibrations litteraires" (presentata a Parigi e a Roma) con 31 poesie tradotte in francese; nell'antologia Gems IV - India 2023.

Alcune sue liriche sono state declamate alla Rai, a Teleuno (Basilicata), su alcune reti laziali, Canale 21, su alcuni canali Sky e da alcune radio messicane. Le sue prime due raccolte di poesie sono presenti in alcune biblioteche nazionali.

Si sono interessati alla sua poesia: il compianto giornalista di Rai Due dott. Augusto Giordano, che registrò con la propria voce alcune liriche, trasmesse alla radio e consegnate al pontefice G. Paolo II; il critico Enzo Concardi che scrive: "la poesia di Giuseppina Giudice è come un viaggio che s'impone a ritroso lungo i percorsi silenti dell'interiorità con un linguaggio immediato,lucido,accattivante….. la sua poesia si accosta al lamento di genere leopardiano sulla prigione dei luoghi…"; il critico Lucio Zaniboni (Giuseppina Giudice,in Gocce di rugiada dà corpo ad un pessimismo che mai nega spiragli di luce e speranza a dare futuro all'esistenza... è un poetare maturo e convincente… l'amore fa vibrare le corde del cuore e del verso); la dott.ssa Cinzia Baldazzi, saggista e critico letterario della Rai; l'editore Guido Miano di Milano. Si è parlato di lei su Salerno magazine, Cilento Channel, Sky e su Il Mattino.

La produzione in prosa e in poesia è stata molto apprezzata dal giornalista Rai dott. Ermanno Corsi, autore di due prestigiose recensioni nella pagina della cultura de "Il Denaro" (Supplemento de "Il sole 24 ore" e/o il Mattino): il 19 novembre 2011 e il 26 settembre 2015. Egli scrive: Con i versi di "Gocce di rugiada" e di "Ci saranno altri giorni… come un tempo" la poetica degli affetti emerge da un velo di nostalgia per ancorarsi all'autoriflessione psicologica, con l'autrice mai prigioniera della propria sfera intimista. E ancora … una poetica che descrive stati d'animo abbastanza mutevoli, ma che sembrano aderire pienamente al principio secondo cui non c'è notte così lunga che possa impedire a un nuovo giorno di sorgere.… un lessico rispettoso e composto,un codice espressivo e un ungarettiano sentimento del tempo.

Il dott. A. Capano scrive, invece: "In Gocce di Rugiada, la poesia diventa emblema della libertà … il suo è un pessimismo cosmico leopardiano in cui sia le relazioni tra gli uomini che la luna stessa, sono unite da un'unica tristezza, intervallata da una speranza, purtroppo non duratura, di felicità, anche se l'idea drammatica viene momentaneamente dissipata dalla bellezza del creato, in un intimo colloquio con Dio, dagli episodi più cari al cuore…".